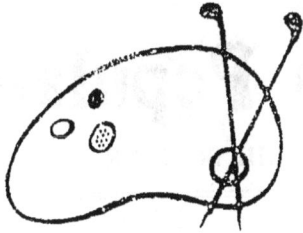

Début d'une série de documents
en couleur

N° 284.

tion Populaire

SÉRIE SOCIALE

O. JEAN

CAUSERIES OUVRIÈRES

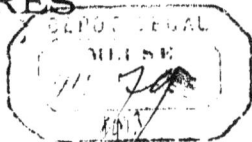

LE PROBLÈME DU TRAVAIL

La Solution Chrétienne

EXPOSÉ D'ENSEMBLE

7ᵉ Mille.

Le numéro : 0 fr. 25

PARIS	REIMS	PARIS
Maison Bleue	**Action Populaire**	**Victor Lecoffre**
4, rue des Petits-Pères, 4	5, rue des Trois-Raisinets, 5	90, rue Bonaparte, 90

Tous droits réservés.

BIBLIOTHÈQUE SYNDICALE

BROCHURES DE L'ACTION POPULAIRE A **0** FR. **25** (FRANCO)

Bar-le-Duc. — Impr. Brodard, Meuwly et Cie. — 6069,3,13.

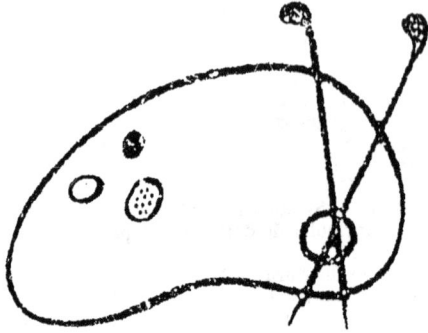

Fin d'une série de documents
en couleur

N° 284.

Action Populaire

SÉRIE SOCIALE

O. JEAN

CAUSERIES OUVRIÈRES

LE PROBLÈME DU TRAVAIL

La Solution Chrétienne

EXPOSÉ D'ENSEMBLE

7ᵉ Mille.

Le numéro : **0 fr. 25**

PARIS	REIMS	PARIS
Maison Bleue	**Action Populaire**	**Victor Lecoffre**
4, rue des Petits-Pères, 4	5, rue des Trois-Raisinets, 5	90, rue Bonaparte, 90

Tous droits réservés.

TABLE DES MATIÈRES

LA SOLUTION CHRÉTIENNE

EN PRÉPARATION

LA SOLUTION CHRÉTIENNE

I

Exposé d'ensemble

Si j'avais réussi à vous détourner à jamais du socialisme, par mes causeries sur la solution collectiviste [1], j'en serais fort heureux, et pourtant, je considérerais ce premier résultat comme absolument insuffisant. C'est peu de savoir *ce qu'il ne faut pas croire*, c'est infiniment mieux d'avoir des convictions arrêtées sur ce qu'il convient de tenir pour vrai. Ce ne sont pas sur des négations et des réfutations qu'on peut édifier une règle de vie, mais sur des affirmations et des principes de foi.

C'est pourquoi, mes amis, après avoir démasqué l'erreur, je veux tout de suite vous exposer la vérité.

Vous remarquerez que dans tout ce que je vais dire maintenant, je ne vous proposerai pas des hypothèses, mais des certitudes, je ne vous présenterai pas des probabilités, mais des affirmations.

A l'inverse des socialistes qui, nous l'avons vu, se récusent quand on leur demande les plans de leur cité future et répondent comme le belge Vandervelde : « qu'ils n'ont pas à fournir de recettes pour faire bouillir les marmites de l'avenir », nous, catholiques, nous pouvons présenter un plan d'ensemble d'une architecture à la fois simple et grandiose, et avec une entière assurance, car ce plan nous est

---

[1] Voir brochure n° 271. — O. JEAN : Causeries ouvrières : *La solution collectiviste*.

tracé par celui qui, illuminé des lumières surnaturelles, parle sous l'assistance et l'inspiration directe de l'Esprit de Dieu : le Pape. Et je ne voudrais pas, mes amis, entrer dans le vif de mon sujet sans vous avoir une fois de plus recommandé la méditation de ces Encycliques magistrales, et surtout de la plus fameuse, « bréviaire immortel du catholicisme social, l'incomparable, la lumineuse encyclique *Rerum Novarum* de Léon XIII sur la condition des ouvriers » (Deslandres, *Semaine sociale de Bordeaux*) ; c'est celle-là surtout que, dans cette causerie et dans celles qui vont suivre, je ne ferai que paraphraser devant vous [1].

I. *Le devoir de charité.* — Lorsque réfutant, il y a quelque temps, les objections collectivistes contre la propriété privée, j'ai établi devant vous non seulement sa légitimité, mais la nécessité de son inviolabilité, j'ai, je l'espère, convaincu vos intelligences ; mais peut-être vos cœurs ont-ils conservé quelques doutes. Est-il juste malgré tout, vous êtes-vous dit en vous-mêmes, que les heureux de la vie puissent tout se permettre avec leur fortune, et que ceux qui n'ont rien aient pour unique ressource la pratique de la difficile vertu de résignation ? »

Cette sorte d'angoisse qui nous étreint quand notre cœur se refuse à admettre une vérité à laquelle notre intelligence se voit forcée de se rendre, je veux commencer par la dissiper en vous, au sujet de la question qui nous occupe, voulant, après votre esprit, satisfaire aussi votre cœur. Et c'est pourquoi, après vous avoir répété l'affirmation de Léon XIII que « le premier fondement à poser par tous ceux qui veulent sincèrement le bien du peuple, c'est l'inviolabilité de la propriété privée » (*R. N.*), je veux vous avertir que le Pape ajoute quelques lignes après : « Nul assurément n'est tenu de soulager son prochain en prenant sur son nécessaire ou sur celui de sa famille, ni même de rien retrancher à ce que la coutume et la bienséance imposent à sa personne... Mais dès qu'on a donné suffisamment à la nécessité et au décorum, c'est un devoir de verser le superflu dans le sein des pauvres » (*R. N.*). Voilà le vrai

---

1. Les citations de l'Encyclique « *Rerum Novarum* » seront indiquées par (*R. N.*).

correctif à ce que pourrait offrir de trop rigoureux l'exercice de la propriété individuelle et exclusive.

Quelle est la nature de cette nouvelle obligation ? Léon XIII nous le dit clairement : « C'est un devoir non pas de stricte justice, sauf les cas d'extrême nécessité, mais de charité chrétienne ; un devoir par conséquent dont on ne peut poursuivre l'accomplissement par les voies de la justice humaine. » (*R. N.*) L'obligation qu'il crée appartient à la catégorie des *devoirs moraux,* non à celle des devoirs juridiques. De ces devoirs l'homme n'est responsable que devant Dieu. N'est-ce pas ce qu'ajoute l'Encyclique ? « Au-dessus du jugement de l'homme et de ses lois, il y a la loi et le jugement de Jésus-Christ, notre Dieu, qui nous persuade de toutes les manières de faire habituellement l'aumône : Il est plus heureux, dit-il, celui qui donne que celui qui reçoit, et le Seigneur tiendra pour faite et refusée à lui-même l'aumône qu'on aura faite ou refusée au pauvre. » (*R. N.*)

Ainsi le droit de propriété a comme corollaire le devoir de la charité. « Quiconque a reçu de la divine Bonté une plus grande abondance de biens les a reçus dans le but de les faire servir à son propre perfectionnement, et, tout ensemble, comme *ministre de la Providence,* au soulagement des autres. » (*R. N.*) Si, tous, nous suivions les préceptes du Christ, la misère disparaîtrait de ce monde. Les pauvres nus recevraient des vêtements, les pauvres affamés auraient à manger, les pauvres sans asile trouveraient un logement. « Cette charité qui, comme le remarque Léon XIII, se voue tout entière et sans arrière-pensée à l'utilité du prochain et ne peut être suppléée par aucune industrie humaine » (*R. N.*), aurait vite fait de porter remède à l'indigence si elle était exercée par tous ceux qui peuvent la faire.

On ne saurait trop appuyer sur ce sujet, trop expliquer que ces biens que nous avons le droit de gérer en toute liberté et en toute indépendance, nous les avons reçus « dans le but de les faire servir à notre propre perfectionnement, et, tout ensemble, comme ministres de la Providence, au soulagement des autres » (*R. N.*), car, de nos jours, beaucoup des défenseurs du droit de propriété le poussent jusqu'à des conséquences absurdes et erronées qui justifient partiellement les déclamations socialistes. Confondant le devoir de charité, qui est d'obligation stricte et formelle, avec son exercice, dans lequel Dieu laisse au riche la liberté de choisir à son gré les bénéficiaires de sa charité, ils en viennent à ne plus voir en celle-ci qu'une vertu de conseil dont il leur est loisible de se passer. « En soutenant le droit absolu de propriété, en professant que celui qui possède peut user et abuser de son bien, qu'il est libre de le dépenser à sa guise et de le gaspiller à son gré, pourvu qu'il n'aille pas jusqu'aux actes prohibés par les lois et règlements, en proclamant que la fortune a, avant tout, un caractère de jouissance personnelle, en contestant la plupart des charges qui la grèvent et des devoirs qui l'accompagnent, les économistes libéraux ont amené une réaction violente et fourni des armes aux socialistes dont ils légitimaient ainsi partiellement les attaques violentes contre la propriété. » (Abbé Garriguet.) Ainsi donc si nous avons le droit strict et absolu de gérer nos biens comme nous l'entendons, nous n'avons pas le droit d'en consacrer tous les bénéfices à notre seul usage personnel. La charité n'est pas, en un mot, facultative, elle est un devoir absolu et auquel on ne peut se soustraire sans manquer aux prescriptions formelles de l'Evangile.

II. *Le devoir de justice.* — Mais la religion chrétienne n'est pas seulement une religion de charité, elle est aussi, et à un degré éminent, une religion de *justice*. Que la justice n'ait pas toujours ici-bas été respectée, principalement dans les relations du travail et du capital, c'est une vérité qui n'a pas besoin de vous être démontrée, je pense. A l'encontre de la théorie libérale si en faveur dans le cours du XIXe siècle, d'après laquelle la fameuse loi de l'offre et de la demande détermine logiquement et nécessairement la fixation des salaires, l'Eglise proclame qu'un contrat ainsi conclu peut léser gravement les prescriptions de la justice. « Que le patron et l'ouvrier passent donc tant et de telles conventions qu'il leur plaira, qu'ils tombent d'accord notamment sur le chiffre du salaire, au-dessus de leur libre volonté, il est une loi de justice plus élevée et plus ancienne, à savoir que le salaire ne doit pas être insuffisant à faire subsister l'ouvrier sobre et honnête. » (*R. N.*)

Voilà, n'est-il pas vrai, mes amis, des paroles singulièrement osées. Et ce ne sont pas les seules audaces de Léon XIII : quand il parle « des travailleurs isolés et sans défense livrés à la merci de maîtres inhumains et à la cupidité d'une concurrence effrénée », de leur état de « misère imméritée », et dans bien d'autres passages, Léon XIII proclame les droits imprescriptibles de la justice évangélique, contre lesquels rien, même le consentement des intéressés, ne saurait prévaloir. Jamais, on peut l'affirmer sans crainte, aucune voix ne s'est élevée plus éloquente, plus menaçante et plus hardie pour défendre les ouvriers acculés à des salaires de famine.

III. *L'obstacle de la concurrence.* — Grâce à Dieu, ces « maîtres inhumains » auxquels Léon XIII fait allusion dans son encyclique *Rerum Novarum* sont à l'heure présente en petit nombre. Mais dans l'état actuel d'inorganisation du travail, et de « concurrence effrénée », il suffit d'une minorité infime de producteurs employant des procédés de fabrication rendus économiques au détriment de la justice, pour forcer tous les autres, soit à les imiter, soit à se ruiner. Dans notre causerie sur la crise ouvrière contemporaine (*L'Eglise et le travail,* tract A. P., n° 256, page 25), vous trouverez à ce propos un texte de P. Bureau suffisamment explicite, je vous y renvoie. Mais le point sur lequel je voudrais attirer plus spécialement votre attention aujourd'hui, c'est sur le fait du *nombre infime* d'opposants qui suffit à faire échouer une réforme sociale presque universellement désirée.

Dans le Bulletin du 3e trimestre 1910 de la Ligue sociale d'acheteurs, nous trouvons à ce point de vue un exemple significatif. *Quinze cents* pharmaciens de Paris avaient consenti à fermer leurs pharmacies à 9 h. du soir : *cinq* s'y opposent, et la réforme échoue. Cet exemple — dont le commerce et l'industrie doivent nous donner des répétitions plus nombreuses qu'on ne le croit — vous apprendra, mes amis, à vous montrer prudents dans les appréciations que vous aurez à porter sur les patrons dans les différends professionnels qui pourront surgir entre eux et vous. Ne dites pas : « Cette réforme est pourtant juste, comment *les* patrons ne l'acceptent-ils pas ? » Dites : « Comment *tous les* patrons ne l'acceptent-ils pas ? » Et songez en vous-mêmes que si elle est réellement juste, la majorité des patrons sûrement la désire, et regrette, par la faute de la concurrence, de ne pouvoir l'accorder.

Faut-il considérer la question comme insoluble ? L'ouvrier doit-il rester enlisé dans sa situation présente, par les lois inflexibles de l'économie politique, sans que rien puisse être tenté pour l'amélioration de son sort ? « Non, répond Léon XIII », et il indique à cette situation deux remèdes : l'organisation professionnelle et l'intervention de l'Etat.

IV. *Organisations professionnelles.* — Une chose trop généralement ignorée — et qui pourtant mériterait plus que toute autre de ne pas l'être dans les milieux ouvriers — c'est l'insistance avec laquelle le Pape revient sur la nécessité et les précieux avantages des organisations syndicales.

Déjà en 1884, l'année même du vote de la loi sur les syndicats professionnels, Léon XIII écrivait : « En troisième lieu, une institution due à la sagesse de nos pères, et momentanément interrompue par le cours des temps, pourrait à l'époque où nous sommes redevenir le type et la forme de créations analogues. Nous voulons parler de ces corporations ouvrières destinées à protéger sous la tutelle de la religion les intérêts du travail et les mœurs des travailleurs... Il faut donc leur (aux ouvriers) venir en aide avec la plus grande bienveillance et leur ouvrir les rangs d'associations honnêtes pour les empêcher d'être enrôlés dans les mauvaises. En conséquence et pour le salut du peuple, Nous souhaitons ardemment de voir se rétablir sous les auspices et le patronage des évêques ces corporations appropriées aux besoins du temps présent. » (*Humanum Genus,* 20 avril 1884.)

Dans l'Encyclique *Rerum Novarum,* Léon XIII développe cette pensée avec abondance. Je vous invite à lire en entier dans le document lui-même le passage dont je ne vous donne aujourd'hui que quelques extraits : « Nos ancêtres éprouvèrent longtemps la bienfaisante influence de ces corporations ;... aujourd'hui..., il n'est pas douteux qu'il ne faille adapter les corporations à la condition nouvelle... Dans cet état de choses, les ouvriers chrétiens n'ont plus qu'à choisir entre ces deux solutions : ou donner leur nom à ces associations (antichrétiennes) au plus grand péril de leur foi, ou fonder entre eux des organisations et réunir leurs forces pour secouer hardiment un joug si injuste et si intolérable. Qu'il faille opter pour ce dernier parti, y a-t-il des hommes ayant vraiment à cœur d'arracher le souverain bien de l'humanité à un péril imminent qui pourraient avoir là-dessus le moindre doute ? » (R. N.)

Ces citations suffisent, je pense, pour vous démontrer avec quelle vigueur Léon XIII préconise la formation de syndicats professionnels animés de l'esprit chrétien. Et vous savez avec combien de justesse, car le groupement professionnel, quelque imparfait qu'il ait été jusqu'ici, a donné néanmoins les moins discutables résultats : « La situation des ouvriers, écrit P. Bureau, varie parallèlement avec leur aptitude à se grouper : elle est la pire dans les professions où il n'y a aucune cohésion, même latente ou rudimentaire, puis elle s'élève progressivement à mesure que la cohésion apparaît et se développe... Si, après avoir comparé entre elles ces diverses professions, on s'attache à une seule d'entre elles pour suivre les variations du taux des salaires..., on constate que la rémunération du travail s'élève aussitôt que les employés ont été capables de substituer au régime de la pulvérisation et de l'isolement le régime de la cohésion même inorganique. Il n'y a pas une seule profession dans laquelle la cohésion des employés n'ait amené une hausse notable du taux des salaires ou une réduction sensible de la durée de la journée du travail. » Et cela se conçoit, le syndicat, groupement organisé, peut prendre vis-à-vis du patronat une attitude à laquelle des ouvriers isolés ne pourraient songer à recourir ; et cette attitude, remarquons-le bien, car c'est un point de la plus haute importance, a pour conséquence non seulement de faire examiner avec attention les desiderata exprimés par ses membres, mais aussi de libérer les patrons justes et humains des exigences tyranniques d'une minorité parfois infime qui entrave les améliorations universellement désirées.

V. *Intervention de l'Etat*. — Mais l'organisation professionnelle ne saurait, au moins dans ses débuts, suffire à faire aboutir par ses seules forces les améliorations légi-

times. Dans ce cas, le devoir de l'Etat est d'intervenir.
« Les droits, où qu'ils se trouvent, dit Léon XIII, doivent
être religieusement respectés, et l'Etat doit les assurer à tous
les citoyens, en prévenant ou en vengeant leur violation.
Toutefois, dans la protection des droits privés, il doit se
préoccuper d'une manière spéciale des faibles et des indi-
gents. La classe riche se fait comme un rempart de ses
richesses et a moins besoin de la tutelle publique. La classe
indigente, au contraire, sans richesse pour la mettre à
couvert des injustices, compte surtout sur la protection de
l'Etat. Que l'Etat se fasse donc à un titre tout particulier la
providence des travailleurs qui appartiennent à la classe
pauvre en général. » (*R. N.*) Voilà lumineusement expli-
quée la légitimité de la législation sociale.

Que cette intervention de l'Etat soit par un certain côté
dangereuse et doive, par suite, être soigneusement con-
tenue dans de sages limites, c'est ce qui n'échappe pas à
l'œil vigilant du pape. Dans les lignes qui précèdent immé-
diatement celles que je viens de vous citer, il avait pris
soin de nous dire : « Les limites (de l'intervention) seront
déterminées par la fin même qui appelle le secours des
lois, c'est-à-dire que celles-ci ne doivent pas s'avancer ni
rien entreprendre au delà de ce qui est nécessaire pour
réprimer les abus et écarter les dangers. » Je me suis d'ail-
leurs assez expliqué sur l'intervention de l'Etat dans la
troisième de mes « causeries syndicales » pour n'y pas
revenir aujourd'hui.

Il est cependant une objection que je voudrais réfuter,
parce qu'elle pourrait se présenter à votre esprit, c'est la
suivante : « Mais donner ce pouvoir d'intervention à l'Etat,
n'est-ce pas tomber dans l'erreur du socialisme ? » — « Non,
répondrons-nous avec l'abbé Garriguet, on est loin du
socialisme lorsque, comme les catholiques, on se contente
de demander que l'Etat intervienne là où, sans action
publique et législative, le bien nécessaire ne saurait être
obtenu, ni l'injustice empêchée ou redressée. » (*Question
sociale et Ecoles sociales*, p. 107.) Nous ne sommes pas là,
en effet, dans le cas de l'Etat-patron, imposant sa volonté
universelle à l'ensemble des citoyens devenus tous, par
l'organisation collectiviste, ses employés ; mais dans le cas
de l'Etat, arbitre impartial, intervenant, quand le bien

commun l'exige, dans les différends soulevés entre patrons et ouvriers, pour les résoudre dans le sens de la justice. « Catholiques, disait en 1884 Albert de Mun, nous repoussons également le libéralisme antichrétien et le socialisme d'Etat : nous ne voulons, pour le pouvoir public, ni l'indifférence et l'abdication de son devoir social, ni le despotisme qui lui permettrait d'absorber dans ses mains toutes les forces vives de la nation. » On ne saurait mieux dire.

Quand une discussion s'élève entre deux particuliers, ceux-ci ont recours à un arbitre impartial pour prononcer un jugement équitable. Ainsi en est-il pour l'Etat dans le cas des conflits sociaux : les juges sont alors les élus de la nation, et leurs décisions constituent la législation sociale. Le socialisme, nous l'avons vu, c'est tout autre chose que cela.

VI. *Amélioration morale de l'ouvrier*. — Mais l'amélioration matérielle du sort de l'ouvrier n'est pas, dans la doctrine catholique, un but ; elle est un moyen qui permet à l'ouvrier son ascension morale. Si l'Eglise cherche pour l'ouvrier un bien-être légitime, c'est surtout parce que, selon la parole de saint Thomas d'Aquin, « un certain bien-être est nécessaire à la pratique de la vertu ». Si l'Eglise réclame pour l'ouvrier le repos aux jours du Seigneur, « qu'on n'entende pas par ce repos une plus large part à une stérile oisiveté ; ou encore moins, comme un grand nombre le souhaitent, ce chômage fauteur de vices et dissipateur des salaires, mais un repos sanctifié par la religion ». (R. N.) A l'inverse des collectivistes, proclamant — conformément à leurs doctrines matérialistes, qui mettent dans la jouissance sensuelle le but unique de la vie — que « la question sociale est une question d'estomac » (Schaeffle), Léon XIII affirme qu'il « faut viser avant tout à l'objet principal, qui est le perfectionnement moral et religieux, et que c'est surtout cette fin qui doit régler toute l'économie de ces sociétés (corporatives). » (R. N.)

Nous voilà loin des déclarations de Lafargue, ce socialiste fameux qui vient de se suicider, il y a quelque temps, avec sa femme (la fille de Karl Marx), parce que, bien que possédant une immense fortune, il ne se sentait pas de force à supporter les épreuves de la vieillesse. « Pour qu'il parvienne à la conscience de sa force, écrivait-il, il faut que le prolétariat foule aux pieds les préjugés de la morale chrétienne. Il faut qu'il retourne à ses instincts naturels, qu'il se contraigne à ne travailler que trois heures par jour, à fainéantiser et à bombancer le reste de la journée et de la nuit. » (*Le Droit à la paresse.*) Quel idéal, mes amis ! et combien auprès de celui-là resplendit l'idéal chrétien, qui se propose, avant toute autre chose, le relèvement de la dignité ouvrière !

Ce n'est pas de la bouche d'un socialiste, mais de celle d'un des plus grands catholiques sociaux contemporains, Léon Harmel, qu'est sortie cette phrase si profonde, si vraie et si encourageante : « Ce que demande d'abord l'ouvrier, ce n'est pas le pain, c'est le respect. » Respect de sa personne, de sa vie, de ses biens, de sa dignité d'homme. Mais pour réclamer légitimement ce respect, il faut que l'ouvrier le mérite, et c'est pour cela que nous proclamons que chez lui l'amélioration morale doit accompagner l'amélioration matérielle. Bien plus, nous croyons que sans cet accroissement simultané de dignité morale, l'amélioration matérielle peut être plus dangereuse qu'utile. Mieux vaut pour un ouvrier ne pas obtenir d'augmentation de salaire, que, cette augmentation obtenue, aller la dépenser au cabaret. Mieux vaut pour lui un travail plus long, qu'une diminution de travail se traduisant par une augmentation de débauche. « L'expérience et la pratique montrent, dit Léon XIII, que malgré la durée assez courte de leur travail et le prix assez élevé de leurs salaires, la plupart des ouvriers de mœurs corrompues et sans principes religieux mènent une vie misérable. Enlevez aux âmes les sentiments que sème et cultive la sagesse chrétienne, enlevez-leur la prévoyance, la tempérance, la patience et les autres bonnes habitudes naturelles, vains seront vos plus laborieux efforts pour atteindre la prospérité. Tel est précisément le motif pour lequel nous n'avons jamais engagé les catholiques à entrer dans les associations destinées à améliorer le sort du peuple, ni à entreprendre des œuvres analogues, sans les avertir en même temps que ces institutions devaient avoir la religion pour inspiratrice, pour compagne et pour appui. » (*Graves de Communi.*) Car, selon le mot de Guizot, la religion est la « grande école de respect » pour soi-même et pour les autres.

Le respect des autres pour l'ouvrier consistera surtout dans le respect des droits des patrons chez lesquels il travaille. Respecter les droits d'autrui, c'est la meilleure manière de faire respecter les siens. Donc pas de lutte de classe « comme si la nature avait armé les riches et les pauvres pour qu'ils se combattent mutuellement dans un duel obstiné » (R. N.), pas de sabotage, pas de ces violences génératrices de haines, mais cette entente, cette amitié, que dis-je, « cet amour fraternel dans lequel s'opérera l'union » (R. N.), qui naît de la commune estime et de la commune observation des préceptes de la justice et de la charité chrétiennes.

Résumons, mes amis : obligation stricte, formelle, de la charité ; devoirs de justice étroits, qui dominent même les accords librement consentis ; protection de l'ouvrier réalisée par de sages groupements professionnels et une intervention modérée de l'Etat ; nécessité pour l'ouvrier de mériter son amélioration matérielle par un accroissement de valeur morale. Voilà la solution de l'Eglise ; qu'en pensez-vous ? Ne la trouvez-vous pas autrement sage, autrement féconde, autrement réalisable que les utopies collectivistes qui s'écroulent au premier examen attentif, autrement respectueuse aussi de la dignité ouvrière ?

Et encore, nous n'avons jeté jusqu'ici qu'un regard d'ensemble sur l'extérieur de l'édifice, votre admiration ne pourra que grandir quand nous pénétrerons dans cette construction magnifique, fondée sur le roc des vérités éternelles, et que nous en admirerons à loisir l'ordonnancement superbe et la reposante beauté. Et comme Léon XIII nous avertit que « c'est surtout d'une abondante effusion de charité qu'il faut attendre le salut » (R. N.), nous commencerons par examiner en détail l'action sociale de la charité chrétienne.

O. Jean.

———— ✳ ————

LA SOLUTION CHRÉTIENNE

II

L'Action sociale de la Charité

Dans la crise sociale contemporaine, disions-nous avec Léon XIII à la fin de notre dernier entretien, « c'est d'une abondante effusion de charité qu'il faut principalement attendre le salut ». (*Rerum Nov.*) Examinons donc attentivement aujourd'hui l'action sociale de la charité.

Au seul énoncé du titre de cette causerie, il se peut que quelques-uns d'entre vous sentent une objection monter à leurs lèvres : « Mais vous vous trompez d'auditoire : ce n'est pas à nous, apprentis, ouvriers, qu'il faut venir prêcher la charité, c'est aux patrons, aux rentiers, aux riches des biens de la terre. » Erreur, mes amis, erreur que je tiens à réfuter avant d'aller plus loin.

« Le mot de charité, dit M. Acker, a perdu presque complètement son sens primitif. Dans la langue courante, il se confond avec le mot aumône. Faire la charité, c'est faire l'aumône... — Mais la vraie charité chrétienne ne consiste pas dans l'exercice de l'aumône : elle est tout entière dans les paroles du Christ : « Aimez-vous les uns les autres... » S'aimer les uns les autres c'est réaliser aussi profondément qu'on le peut la fraternité qu'enseignait Jésus et c'est s'entr'aider toute la durée de l'existence. »

Résumons, mes amis, cette citation en deux phrases. Charité ne veut pas dire aumône, mais vient du mot latin

« Caritas » qui signifie : *amour*. La charité, c'est donc l'entr'aide fraternelle et affectueuse dont le Christ est venu apporter à la terre le commandement nouveau. En vérité, la charité ainsi comprise — et c'est ainsi qu'elle doit être comprise par tout catholique — ne s'impose-t-elle pas comme un devoir universel, à tout catholique, dans quelque situation qu'il se trouve, pauvre ou riche, puissant ou faible, ouvrier ou patron ? L'obligation de la charité est donc une obligation universelle, dont chacun, suivant son état, peut et doit s'acquitter différemment. Comment vous, apprentis, ouvriers, pouvez-vous à ce point de vue remplir votre devoir ? Quelle action sociale pouvez-vous ainsi exercer ? Telles sont les deux questions auxquelles je voudrais répondre aujourd'hui.

I. — De la citation que je vous faisais tout à l'heure, il ne faudrait pas conclure que l'aumône soit condamnable, et qu'il ne faille apporter aux malheureux aucun secours pécuniaire. Ce qui est condamnable, c'est l'aumône faite avec hauteur et fierté, l'aumône qui fait sentir à celui qui reçoit la différence qui le sépare de celui qui donne, l'aumône surtout faite dans le but de se libérer par le don de quelques pièces de monnaie de tout autre devoir d'assistance et de charité, — mais non l'aumône délicate et pieuse, « qui enveloppe un peu d'argent dans beaucoup d'amitié » (R. Bazin), l'aumône affectueuse qui implore pour être acceptée, et qui apporte avec elle un parfum de compassion fraternelle. Oh ! cette aumône-là, elle est étrangement belle, quel que soit le donateur.

Mais combien plus belle encore quand elle a pour origine l'économie faite par l'artisan sur son maigre salaire journalier, quand elle a comme résultat la privation de quelque plaisir légitime, de quelque satisfaction permise. Vous avez tous lu dans l'Evangile, avec quels regards de tendresse émue le Christ suivait la pauvre veuve mettant sa modeste obole dans le tronc du Temple de Jérusalem. Croyez que c'est avec les mêmes regards que le Christ contemple les ouvriers chrétiens qui économisent l'argent de quelques pipes ou de quelques cigares pour le donner à des voisins tombés dans le dénuement et la misère.

Et sachez que de pareils exemples existent, et plus

nombreux qu'on ne le croit, dans les milieux ouvriers. Et non seulement certains donnent de leur pauvre bourse, mais même quêtent pour leurs pauvres, tel cet ouvrier plombier de Reuilly qui, « quand il travaillait dans une maison qui lui semblait propice aux entreprises charitables, parlait à la maîtresse du logis de sa Conférence de Saint-Vincent de Paul, et en obtenait une offrande pour ses pauvres [1]. » Voilà, n'est-il pas vrai, de belle et de bonne aumône, aussi féconde pour celui qui donne que réconfortante pour celui qui reçoit.

II. — Mais il en est parmi vous, mes amis, qui, malgré toute leur bonne volonté, ne peuvent songer à faire cette **charité de la bourse** : qu'ils se consolent, ils ont à leur portée un autre genre de charité du même ordre : **la charité des bras.** Vous n'avez qu'à regarder autour de vous pour voir journellement, parmi vos frères de travail, les plus touchants exemples de cette charité-là. Citons-en quelques-uns :

A Reims, l'engagement signé par les bénéficiaires des jardins ouvriers est le suivant : « Pour reconnaître ce que l'on fait pour moi, je m'engage à donner à l'occasion aide et assistance dans la mesure de mes moyens à qui en aura besoin autour de moi. » Et cet engagement n'est pas une vaine parole sans conséquence. « Fréquemment, lisons-nous dans le *Bulletin du Comité Central des Œuvres d'Assistance par le Travail* (mars 1905), les terrains des malades sont cultivés par leurs voisins. Au Puy, un aveugle demandait un jardin, le Comité hésitait à le lui accorder : « Nous lui aiderons », dirent les autres jardiniers, et l'aveugle a eu constamment depuis trois ans une des meilleures récoltes. »

Mais c'est encore dans la jeunesse ouvrière qu'il faut chercher à ce point de vue les plus enthousiastes, les plus réconfortants dévouements. Et il me plaît devant vous, mes amis, d'insister tout particulièrement sur cette naturelle bonté avec laquelle des jeunes apprentis de votre âge compatissent à la misère et cherchent à la soulager.

A Paris il existe plusieurs Conférences de Saint-Vincent

---

1. *Correspondant, 1902,* II, pages 1080 et suiv.

de Paul composées d'apprentis. Le budget n'en est pas bien fort; les quêtes ne donnent pas de grosses recettes, mais qu'il s'y dépense de générosité intelligente ! Ne pouvant aider les familles visitées de leur bourse trop peu garnie, ils secourent du mieux qu'ils peuvent leurs assistés dans les menus travaux de chaque jour. S'agit-il par hasard d'un déménagement à faire, c'est là surtout qu'ils sont admirables. A la sortie de l'atelier, c'est un charitable rendez-vous : les pauvres meubles s'entassent sur des voitures à bras empruntées dans le voisinage, et toute la famille assistée se trouve transportée dans sa nouvelle demeure sans qu'il lui en ait rien coûté. « Il y a des apprentis qui se font déménageurs, peintres, menuisiers. L'un d'eux tapisse de papier neuf le taudis d'un vieux ménage, d'autres réparent les pendules et raccommodent les carreaux. A Ménilmontant, un apprenti, le matin, avant d'aller à l'atelier, monte quatre à quatre chez une vieille infirme, nettoie et range sa pauvre chambre. » Je ne connais rien de plus touchant que cette préoccupation de chercher à faire plaisir à ceux qu'ils assistent, que l'on trouve chez ces cœurs jeunes s'ouvrant avec enthousiasme à la vie, surtout cette prédilection qu'ont beaucoup d'entre eux d'aller éclairer de leur jeunesse et de leur enthousiasme des chambres de vieux pour lesquels la vie n'a pas été clémente, et qui souffrent autant parfois de l'isolement que de la faim. « Faire plaisir aux pauvres est une forme exquise de la charité, et nous ne craignons pas d'ajouter essentiellement morale. » Mais, mes amis, beaucoup d'entre vous ne s'en sont-ils pas déjà aperçus ?

En voulez-vous encore des exemples ? « Voici le numéro 54 de la rue Bobillot. C'est le Patronage Saint-Joseph de la Maison-Blanche. Au fond de la cour une grande salle aux murs blanchis à la chaux. Comme ornement un Crucifix avec au-dessous cette devise : « Aimez-vous les uns les autres »... Des tables symétriquement distribuées, toujours très propres, donnent à la salle l'aspect d'un réfectoire de caserne. Près de 150 pauvres peuvent s'y placer à l'aise. Dehors, à la porte, on entend un chuchotement à voix basse. Ce sont les pauvres qui attendent en grand nombre... sur eux une morne tristesse plane.

« Pendant ce temps, dans une cuisine spéciale, des jeunes

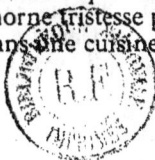

gens du patronage, ouvriers ou apprentis pour la plupart, s'imposant chaque soir de l'hiver ce surcroît de travail, venus parfois d'assez loin, taillent le pain, épluchent les légumes, attisent le feu, préparent les gamelles, mettent en batterie les six énormes marmites où la soupe va bouillir, vont et viennent avec cette agilité souple dont le Parisien a le secret. Il faut que rien ne manque, que tout soit prêt pour 8 heures 1/2...

« Les pauvres, par fournées de cent cinquante environ, entrent dans la salle au signal donné et s'assoient sans bruit sur les bancs disposés autour des tables... Puis, consolés, réchauffés, les yeux moins ternes, la face moins blême, le cœur plus réconforté, les miséreux se retirent pour faire place à d'autres. En un clin d'œil on nettoie les tables, on lave les gamelles, on les remplit à nouveau, et le défilé recommence jusqu'à trois, quatre et même cinq fois. J'ai vu ainsi se succéder dans cette même soirée plus de 600 pauvres...

« Généralement vers 10 heures du soir la distribution est terminée. Reste à balayer le plancher, à nettoyer les tables, à remettre tout en ordre pour le lendemain ; apprentis, ouvriers, étudiants se dévouent à cette nouvelle besogne. Il sera onze heures quand ils pourront songer à se retirer, prêts à recommencer chaque jour pendant tout l'hiver. Songez. Voilà plus de quinze ans que chaque hiver, du 25 novembre au 1er mars, le réfectoire rassasie jusqu'à 800 pauvres par soirée... »

Voilà qui est bien beau déjà, n'est-ce pas ? Ecoutez, il y a mieux encore. « Un fonctionnaire de l'administration, M. D..., avait entendu parler de la Mie de Pain. Le cœur ému de ces récits, curieux de voir par lui-même et de se rendre compte, il rentre chez lui à la hâte, dîne un peu plus tôt que de coutume, et le voilà au Châtelet, prêt à prendre le tramway pour la place d'Italie. La voiture passait place du Parvis, quand l'attention de notre voyageur fut attirée sur un jeune garçon. Coudes serrés aux hanches, l'air résolu, le corps penché en avant, semblant faire assaut de vitesse avec le tramway, l'enfant courait à toutes jambes. Le manège dura ainsi jusqu'au carrefour de l'Avenue des Gobelins et de la Rue de Gentilly. A ce moment, M. D... perdit de vue le coureur qui avait fini par l'intéresser. « Ce

n'était là qu'un jeu », se dit-il. Place d'Italie le fonctionnaire descend, se fait indiquer le chemin, prend la rue
Bobillot et arrive au Patronage, où on le conduit directe-
ment à la salle de la Mie de Pain. A peine sur le seuil, la
première figure qu'il rencontre est celle du coureur, qui,
tout essoufflé encore, était déjà occupé à préparer la soupe.
« Que fais-tu là ? lui demanda-t-il. Pourquoi cette course
« tout à l'heure derrière le tramway ? » — « Voilà, Mon-
« sieur, je reste à mon atelier très tard. Quand j'en sors, je
« devrais prendre le tram pour arriver à temps à la Mie de
« Pain. Mais voyez-vous, ça coûterait trop cher, ça mange-
« rait les petits sous dont je peux parfois disposer pour les
« pauvres : alors je cours à côté. En voyant ici la joie de
« ces malheureux, ça me fait oublier que moi-même aussi
« j'ai faim, car je n'ai pas eu le temps de dîner, et ne
« mange que le soir très tard en rentrant chez nous. » (*La
Mie de Pain. — Mutualiste Français* du 15 mars 1910.)
Je m'arrête, mes amis, et bien à regret : sur ce chapitre on
aimerait à citer indéfiniment.

III. — La troisième charité que vous pouvez faire, mes
amis, c'est la charité du **bon exemple**. Agir sans forfante-
rie, certes, mais comme il convient, accomplir son devoir
noblement et simplement, ce n'est pas seulement faire ger-
mer autour de soi la sympathie pour sa personne, c'est
susciter dans son entourage de généreuses imitations. Il n'y
a pas que le vice, Dieu merci ! qui soit contagieux, la vertu
l'est aussi, et plus qu'on ne le croit couramment, surtout
dans les milieux jeunes comme le vôtre. Et Dieu, qui selon
le mot de l'Ecriture « a fait les nations guérissables », Dieu
seul sait combien de guérisons morales et d'actes généreux
ont été suscités par la contagion du bon exemple. On vous
sait catholiques convaincus, pratiquants ; sans que vous
vous en aperceviez parfois, du coin de l'œil on vous
observe. Même si vous le soupçonnez, n'en éprouvez
aucune gêne ; si vous savez toujours accomplir simplement
votre devoir, à quelques imbéciles près, on saura bien vous
rendre justice. Mais si, vous sachant catholiques, on vous
voit par peur, par légèreté, par inconséquence agir en
païens, on n'aura pour vous que du mépris, mépris qui —
cela est particulièrement grave — rejaillira sur la doctrine

que vous êtes censés admettre et aux obligations de laquelle
vous vous dérobez. « Le sentiment général, disait Etienne
Lamy à la *Semaine sociale* de Bordeaux, accepte les
incroyants tels qu'ils sont, et veut les croyants tels qu'ils
doivent être... On ne se réclame pas du catholicisme
impunément pour lui, et tout serviteur qui ne l'honore
pas le discrédite. » — « Redoutable responsabilité de tout
chrétien dans l'avenir de la foi ! » conclut justement le
grand orateur catholique..

Soyez donc des hommes de devoir, mettant résolument
en pratique les préceptes de la religion et de l'honneur ;
soyez des honnêtes gens dans toute l'acception du terme ;
comme catholiques, soyez « non seulement des ciboires
dans lesquels le Christ repose, mais des ostensoirs d'où Il
rayonne par tous les actes de votre vie », et vous aurez,
inconsciemment souvent, mais très réellement, donné aux
faibles un peu de la force qui leur manque, fait luire aux
yeux des égarés un rayon de vérité, et contribué par là à
augmenter le nombre des hommes logiques dans leur con-
duite et fermes dans leur devoir. « Malheur à ceux par qui
le scandale arrive ! » a dit le Christ ; heureux, par contre,
ceux qui font autour d'eux la charité du bon exemple !
Ce sont eux « le sel de la terre », la « lumière du monde
qui ne doit pas être mise sous le boisseau mais sur le
chandelier ».

IV. — Enfin, il reste une quatrième charité à votre dis-
position : *la charité de la bonne parole*. Et, là encore,
peut-être une objection va monter à vos lèvres : « Mais
vous vous trompez sûrement cette fois, nous ne sommes
pas des orateurs, nous n'avons pour cela ni l'habitude de
la parole, ni les connaissances nécessaires. » Sans doute,
mes amis, plus que tout autre, je vous déconseillerais, à
l'heure actuelle où nous commençons seulement nos cercles
d'études, d'aller prendre la parole dans une réunion con-
tradictoire. Mais vous étudierez, vous apprendrez ce qu'il
faut dire et comment il faut le dire, et, un jour, beaucoup
d'entre vous, je l'espère, seront de taille, non pas à prononcer un grand discours, ce qui est inutile, mais à lancer
dans une discussion, sous une forme claire, quelques
remarques simples, quelques objections ou quelques réfu-

tations qui crèveront l'outre pleine de vent de l'orateur socialiste, et soulageront bien des auditeurs de l'oppression de l'erreur en les ramenant par le bon sens sur le chemin de la vérité. Savoir exprimer d'une manière simple des convictions profondes, solides et raisonnées, quelle force, mes amis! C'est là le levier véritable qui peut soulever tout le monde du travail. Conclusion pratique : suivre le cercle d'études, vous instruire de la vérité, vous exercer à l'exposer et à la défendre, c'est là un des buts les plus utiles que vous puissiez proposer à votre activité.

Mais il y en a parmi vous qui, pour une raison ou pour une autre, timidité naturelle insurmontable, obligations de prudence imposées par leur situation, etc..., ne pourront pas ou ne croiront pas pouvoir prendre la parole en public, quelles que soient la valeur de leurs connaissances personnelles et la profondeur de leurs convictions. Que ceux-là se rassurent, ils ont un immense champ d'activité qui s'ouvre devant eux : l'apostolat charitable de la conversation journalière dans la rue, à l'usine et à l'atelier. Comment se forme, en effet, la mentalité ouvrière ? La réponse ne saurait faire de doute : l'ouvrier se forme une opinion sur la plus grande majorité des questions d'après les conversations qu'il entend, et le journal qu'il lit. Pour changer, par conséquent, les idées des ouvriers, il faut agir sur eux par la conversation et par la presse.

C'est à dessein que je dis la *conversation*, et non pas la conférence; car aller à une conférence, c'est faire un effort dont beaucoup ne voient pas la nécessité. Et puis, à cette conférence, qui prendrait la parole ? Rarement un ouvrier, et voilà un premier sujet de défiance; et, de plus, un homme « dont on connaît l'étiquette et les tendances », second sujet de défiance. Comment se méfier, au contraire, d'un camarade qui, sans en avoir l'air, dans la rue ou à l'atelier, pendant le travail, réfute en passant une opinion erronée, ou d'un bon mot qui fait rire jette le doute sur une affirmation tendancieuse ? D'autant plus que souvent ces observations s'appuient sur des arguments palpables, personnels, actuels, qui en multiplient la valeur.

Il semble hors de doute que les grands mouvements d'opinion de la classe ouvrière ont eu et auront pour origine principale l'apostolat ouvrier. Former une élite

capable de répondre aux objections courantes contre la
religion, la famille, la propriété, puis lancer ces propagandistes dans ces tribunes perpétuelles que sont la rue,
l'usine et l'atelier, où la prise de possession des intelligences se fait non par l'éloquence d'un discours prononcé
pour un vaste auditoire, mais par la suggestion journalière
de conversations individuelles, c'est incontestablement un
des plus puissants moyens de ramener à de saines idées le
monde du travail, que les propagandistes socialistes ont
peu à peu dévoyé par ce même procédé. Sachons reconnaître l'habileté de la méthode que nos adversaires ont
employée pour nous vaincre et appliquons-la à notre tour
pour reconquérir le terrain perdu.

La conversation de l'atelier n'est pas seule à former les
mentalités ouvrières : il y a aussi la presse. Vous connaissez
tous l'argument sans réplique : « J'ai vu cela imprimé dans
mon journal. » Le journal, lui aussi, pèse sur l'intelligence
de l'ouvrier de tout le poids de sa suggestion quotidienne
que ne viennent pas corriger d'autres lectures. Faire lire la
bonne presse, c'est donc aussi un moyen de tout premier
ordre de reconquérir au Christ les âmes ouvrières. Mais
comment arriver à cela ? D'une manière progressive qui
peut, semble-t-il, se graduer de la manière suivante :

1º Lire ostensiblement le bon journal que l'on veut pro-
pager, habituer ainsi ceux qui vous entourent à le voir sans
étonnement, à force de le voir entre vos mains.

2º Le prêter de temps à autre à un camarade, pour lui
montrer un article particulièrement intéressant, et le lui
laisser tout le temps que sa curiosité éveillée l'incitera à sa
lecture.

3º Amener les camarades que l'on voit plus disposés à
adopter ses doctrines à l'acheter de temps à autre de préfé-
rence à leur journal habituel.

4º Les amener à en devenir des lecteurs fidèles et assidus.

Cette propagande graduée sur ceux qui vous entourent
peut se compléter par la vente publique de bons journaux,
et je ne saurais trop vous recommander à ce propos de lire
l'interview rapide d'un camelot de la Vie Nouvelle racon-
tant (Vie Nouvelle du 1er mars 1908) les frayeurs éprouvées
au début de cet apostolat et ses rapides et consolants résultats. Le bon journal et la conversation persuasive entre

ouvriers adonnés au même labeur, voilà les deux grands moyens, et à la portée de tous, de pratiquer la charité de la bonne parole.

V. — Et maintenant que nous avons vu les manières diverses à votre portée de faire la charité, examinons quelle peut en être *l'efficacité sociale*. Posons, si vous le voulez, la question en d'autres termes et demandons-nous : Quelles améliorations cette charité est-elle susceptible d'amener dans la société ouvrière comtemporaine ?

En premier lieu, on peut affirmer sans crainte qu'elle est une méthode incomparable de formation et d'amélioration individuelles pour ceux qui la pratiquent. Comprendre la beauté féconde et ressentir la joie intime du sacrifice en donnant à de plus malheureux que soi quelques sous de son salaire pourtant si minime, ou quelques heures de son repos pourtant si parcimonieusement compté ; porter ses regards non pas sur ceux qui sont plus comblés des biens de ce monde pour en concevoir une jalousie haineuse, mais sur ceux auxquels la vie a été dure pour en ressentir une active compassion ; se reconnaître par là « responsable de son prochain » comme le proclame l'Evangile, c'est prendre les meilleurs procédés pour remplacer notre égoïsme naturel, individualiste et antisocial, qui a pour maxime « Chacun pour soi », par l'amour du prochain comme de soi-même pour l'amour de Dieu, base de toute fraternité sociale.

Et de là, tout naturellement, sortent, comme les bons fruits de l'arbre bien greffé et bien taillé, les vertus sociales au premier chef de la douceur, de la compassion, de la justice et de la bonté.

Mais ce n'est pas tout, il ne suffit pas d'avoir ces qualités, il faut les mettre en valeur ; il ne suffit pas d'être bon, il faut avoir le courage et la volonté de faire le bien. Or, quel moyen plus efficace à employer que la charité de la parole et la charité du bon exemple ? Comment devient-on un homme de caractère ? Est-ce en faisant des actes héroïques ? Non ; c'est en faisant tous les jours simplement son devoir. Et si l'on fait cela, on peut être assuré de sentir la victoire de la volonté sur le grand ennemi de l'activité sociale, le respect humain, s'affirmer à brève échéance.

« On a, dit R. Bazin, trois ou quatre fois dans sa vie, l'occasion d'être brave, et tous les jours celle de ne pas être lâche. » Etre réellement bon et n'être jamais lâche, quel progrès individuel que d'en être arrivé là !

Mais cette activité sociale dont la charité vous met à même de comprendre l'impérieuse nécessité et la féconde influence, n'a pas comme conséquence unique le perfectionnement individuel de ceux qui en saisissent la beauté, mais aussi le perfectionnement de ceux qui vivent dans son rayonnement extérieur. Cette amélioration morale ne saurait manquer d'être obtenue quand elle est le fait d'un homme imprégné d'une vraie charité chrétienne. Et c'est pourquoi, mes amis, tous ceux que vous secourerez, si vous les secourez vraiment chrétiennement et charitablement, vous aurez la joie de les sentir devenir meilleurs.

Mais ce n'est pas tout : cet échange de charitables services créera entre vous et vos amis nouveaux des liens qui vous uniront les uns aux autres. Vous leur ferez donc sentir, par un exemple palpable, évident, non seulement le devoir, mais l'avantage de s'unir, de s'associer, pour résister dans les meilleures conditions aux épreuves et aux vicissitudes de la vie ; vous leur démontrerez ainsi en quelque sorte expérimentalement, que c'est en mettant en commun leurs faiblesses qu'ils peuvent former une force capable de surmonter tous les obstacles. Vous leur ferez toucher du doigt qu'ici-bas chacun a besoin de tous et tous ont besoin de chacun. Et vous aurez tout doucement par là, amené ceux auxquels vous vous serez intéressé à comprendre l'incomparable puissance d'une association d'hommes attachés aux mêmes croyances et animés du même esprit. « La charité, dit Goyau, est la rédemptrice du mal présent ; par ses recherches, par ses trouvailles, par les conclusions qu'elle tirera ou que d'autres en tireront, par les réformes qu'elle suscitera, elle peut devenir la rédemptrice du mal futur. »

Rédemptrice du mal futur, votre charité le sera si elle arrache les ouvriers à l'isolement de leur incrédulité pour les jeter dans la société religieuse de la paroisse. Rédemptrice du mal futur, votre charité le sera, si elle leur enlève cette anarchique et irréalisable prétention d'indépendance, qui ne veut ni Dieu ni maître, pour les faire rentrer de bon cœur dans les cadres des organisations naturelles et nécessaires de la famille et de la cité.

Rédemptrice du mal futur, votre charité le sera surtout si elle fait comprendre à vos frères de travail la stérilité et l'impuissance de leurs efforts isolés pour améliorer leur situation d'ouvriers, et si elle les amène à se grouper dans ces associations professionnelles à esprit chrétien, où, à la lumière de l'Evangile, se discutent les meilleurs moyens de travailler à l'amélioration et à la défense des intérêts corporatifs.

C'est là surtout votre terrain, mes amis, celui où vous vous sentirez le plus à l'aise, celui où vous pourrez agir avec le plus de connaissances, celui aussi, — ne l'oublions pas, vous avez le droit d'y penser très légitimement — de vos intérêts personnels. C'est là où vous devez porter vos principaux efforts afin de fonder et de développer ces syndicats professionnels à esprit chrétien qui, dans notre plan de reconstruction sociale sur l'Evangile, doivent être les assises du monde ouvrier de demain, et sur lesquels, pour cette raison, je me propose d'appeler plus longuement votre attention dans un de nos prochains entretiens.

O. Jean.

CAUSERIES OUVRIÈRES

Par O. Jean.

···•····

I. — L'Eglise et le travail manuel.

L'ouvrier avant Jésus-Christ : l'esclave.
Le problème de l'esclavage antique.
La solution de l'Eglise.
(Brochure de l'A. P. n° 255, o fr. 25.)

II. — L'Eglise et l'organisation du travail.

Le travailleur au moyen âge. Les corporations.
La crise ouvrière contemporaine : ses causes, ses caractères.
(Brochure de l'A. P. n° 256, o fr. 25.)

III. — La solution collectiviste.

Les objections collectivistes contre la propriété individuelle.
La doctrine collectiviste.
Les méthodes de réalisation.
(Brochure de l'A. P. n° 271, o fr. 25.)

IV. — La solution chrétienne.

(Plusieurs brochures en préparation.)

BROCHURES de l'ACTION POPULAIRE

L'exemplaire : **0 fr. 25** *franco.*

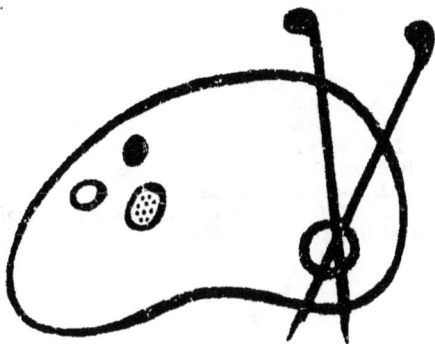

Original en couleur

NF Z 43-120-8

www.ingramcontent.com/pod-product-compliance
Lightning Source LLC
Chambersburg PA
CBHW060507210326
41520CB00015B/4131